1868 Décembre 26

VENTE

DE

MARBRES

BRONZE, TERRES CUITES

ET

PLATRES ORIGINAUX

ŒUVRES

DE

M. CARRIER BELLEUSE

HOTEL DROUOT

Le Samedi 26 Décembre 1868

EXPOSITIONS

Particulière, *le Jeudi 24 Décembre 1868;*
Publique, *le Vendredi 25 Décembre 1868.*

Me CHARLES PILLET COMMISSAIRE-PRISEUR 10, rue Grange-Batelière	M. FRANCIS PETIT EXPERT 7, rue Saint-Georges

CATALOGUE

DE

SCULPTURES

BRONZE

MARBRES, TERRES CUITES

ET PLATRES ORIGINAUX

ŒUVRES

DE

M. CARRIER BELLEUSE

DONT LA VENTE AURA LIEU

HOTEL DROUOT, SALLE N° 8

Le Samedi 26 Décembre 1868

A DEUX HEURES PRÉCISES

EXPOSITIONS { PARTICULIÈRE : *Le Jeudi 24 Décembre 1868,*
PUBLIQUE : *Le Vendredi 25 Décembre 1868.*

DE UNE HEURE A CINQ HEURES

Me CHARLES PILLET
COMMISSAIRE-PRISEUR
10, rue Grange-Batelière

M. FRANCIS PETIT
EXPERT
7, rue Saint-Georges

CONDITIONS DE LA VENTE

Elle sera faite au comptant.

Les acquéreurs payeront *cinq pour cent* en sus des enchères

Paris. — Imprimerie de Pillet fils aîné, rue des Grands-Augustins, 5.

MARBRES

---

1 — Les deux Amours.

Groupe de trois figures. — Hauteur, 2 mètres.

Une jeune femme assise tient sur ses genoux un enfant qu'elle entoure de ses bras. Elle écoute les paroles d'un amour qui, monté sur la pointe du pied, s'efforce d'arriver à son oreille.

2 — La Nuit.

Statuette. — Hauteur, 1 mètre.

La déesse s'enveloppe d'une draperie et protége un enfant qui s'est endormi sur son sein.

3 — L'Amazone captive.

Statuette. — Hauteur, 1 mètre.

Elle est retenue enchaînée à un arbre ; ses armes sont à ses pieds.

4 — Marie-Antoinette.

Statuette. — Hauteur, 80 cent.

A l'appel de son nom la reine s'est levée et s'avance vers le tribunal dans une attitude pleine de calme et de dignité.

5 — Michel-Ange.

Buste. — Hauteur, 40 cent.

6 — Raphaël.

Buste. — Hauteur, 40 cent.

7 — Flore.

Buste. — Hauteur, 50 cent.

8 — Souvenir.

Buste. — Hauteur, 30 cent.

9 — Regrets.

Buste. — Hauteur, 30 cent.

10 — Innocence.

Buste. — Hauteur, 30 cent.

BRONZE

(Vendu avec toute propriété de reproduction.)

---

920 11 — La Comédie.

Buste colossal. — Hauteur, 90 cent.

TERRES CUITES

ORIGINALES

(Vendues sans droit de reproduction.)

---

12 — Ève.

Statuette. Hauteur, 55 cent.

Ève porte à ses lèvres le fruit défendu; sa main appuyée sur son sein, semble comprimer avec peine les battements de son cœur.

Socle en marbre noir avec serpent en bronze.

13 — La Nuit.

Groupe. — Hauteur, 70 cent.

Modèle original du groupe en marbre catalogué sous le n° 2.

510 **14 — Le Matin.**

Statuette. — Hauteur, 70 cent.

Une jeune fille arrange sa chevelure, elle se regarde dans un miroir qu'elle tient à la main.

490 **15 — Diane.**

Buste. — Hauteur, 70 cent.

Ce buste est une étude de femme en Diane. C'est Marguerite Bellanger l'ancienne maîtresse de l'empereur Carrier a fait la première étude à Vichy, pendant qu'elle y était avec l'empereur même, au grand scandale des populations provinciales

470 **16 — Vénus.**

Buste. — Hauteur, 70 cent.

Même étude de femme en Vénus.

630 **17 — Fleur des champs**

Buste. — Hauteur, 70 cent.

Même étude de femme en Fleur des champs.

TERRES CUITES

ORIGINALES

(Vendues avec toute propriété de reproduction.)

---

18 — Le Triomphe de l'Amour.

Groupe. — Hauteur, 60 cent.

Deux jeunes filles entourent la statue de l'Amour, l'une d'elles lui apporte deux colombes, l'autre dénoue le bandeau qui couvre ses yeux et lui offre une couronne de fleurs.

19 — Omphale et Hercule.

Groupe. — Hauteur, 75 cent.

La reine de Lydie cherche à s'envelopper de la peau du lion de Némée ; Hercule est à ses pieds.

20 — **Bacchante et Panthère.**

Groupe. — Hauteur, 65 cent.

La nymphe est entraînée par une panthère qu'elle s'efforce de retenir avec une guirlande de fleurs.

21 — **Ariane.**

Groupe. — Hauteur, 40 cent.

La compagne de Bacchus est assise sur une panthère qui s'avance toute enveloppée de pampres ; elle tient d'une main une amphore et de l'autre une coupe.

Un jeune enfant est couché à terre au milieu des ruits.

22 — **Baiser maternel.**

Groupe. — Hauteur, 45 cent.

Une jeune mère qui vient d'allaiter son enfant le retient au moment où il va la quitter, et l'embrasse avec amour.

23 — **Italienne au Bambino.**

Groupe. — Hauteur, 55 cent.

Une jeune femme de la campagne de Rome joue avec son enfant, qu'elle fait sauter dans ses bras.

24 — Amour brûlant.

Groupe. — Hauteur, 35 cent.

Une jeune bacchante à demi couchée et appuyée sur un tambour de basque, repousse un petit amour qui s'approche d'elle armé d'un flambeau.

25 — L'Inspiration.

Statuette. — Hauteur, 30 cent.

La déesse est assise la main appuyée sur sa lyre, la tête tournée vers le ciel.

26 — Danseuse au repos.

Statuette. — Hauteur, 40 cent.

Elle est assise sur un autel antique, la tête appuyée sur une de ses mains, de l'autre elle tient un tambour de basque.

27 — L'Harmonie.

Statuette esquise. — Hauteur, 50 cent,

28 — Le Sommeil.

Statuette. — Hauteur, 40 cent.

Une nymphe est endormie au bord de l'eau, au milieu des plantes et des roseaux.

Pendule montée sur un socle en bois de chêne. Le mouvement est contenu dans une urne sur laquelle la nymphe est appuyée.

29 — Virgile.

Buste colossal. — Hauteur, 80 cent.

30 — Dante.

Buste colossal. — Hauteur, 80 cent.

31 — Napolitaine priant.

Buste avec mains. — Hauteur, 80 cent.

32 — Marguerite.

Buste avec mains. — Hauteur, 65 cent.

33 — Bacchante riant.

Buste avec mains. — Hauteur, 70 cent.

34 — Discrétion.

Buste. — Hauteur, 70 cent.

35 — Gustina.

Buste avec mains. — Hauteur, 60 cent.

36 — Jeunesse.

Buste. — Hauteur, 45 cent.

PLATRES

(Modèles vendus avec toute propriété de reproduction.)

---

37 — Amazone victorieuse.

Figure pour pendule. — Hauteur, 70 cent.

Une amazone se repose assise sur un fût de colonne ; elle tient d'une main son arc et de l'autre des couronnes de laurier.

38 — Vestale.

Figure pour pendule. — Hauteur, 80 cent.

Une prêtresse de Vesta entretient le feu sur l'autel sacré.

39 — Enfant.

Figure de petit garçon, exécutée pour servir de support pour vasque, lampadaire, etc.

Hauteur, 1 mètre.

40 — Enfant.

Figure de petite fille, exécutée pour la même destination que le précédent.

Hauteur, 1 mètre.

PLATRE ORIGINAL

(Vendu avec droit de reproduction, marbre et terres cuites réservés.)

---

41 — **Les deux Amours.**

Groupe pour pendule. — Hauteur, 75 cent.

Modèle original du groupe en marbre catalogué sous le nº 1.

TERRES CUITES

REPRODUCTIONS

---

42 — Les Heures du jour.

Groupe. — Hauteur, 80 cent.

Groupe de trois figures représentant le matin, le midi et le soir; elles soutiennent au-dessus de leur tête le globe terrestre ; l'une d'elles montre l'heure du doigt.

Pendule montée sur un socle en marbre vert orné de bronze doré mat; le mouvement est contenu dans le globe.

43 — Les deux Amours.

Groupe. — Hauteur, 65 cent.

Reproduction du groupe catalogué sous les nos 1 et 41.

44 — Offrande à Bacchus.

Groupe. — Hauteur, 50 cent.

Une jeune nymphe, à demi assise sur un autel surmonté de la figure de Bacchus, lui offre une coupe pleine ; un petit enfant assis près d'elle regarde dans une amphore qu'il tient de ses deux mains.

45 — Ondine.

Statuette. — Hauteur, 70 cent.

La nymphe se montre à travers les roseaux : une urne renversée est à ses pieds.

46 — Bacchante.

Statuette. — Hauteur, 65 cent.

Une jeune bacchante, doucement appuyée sur une figure du dieu Bacchus, presse au-dessus de sa tête une grappe de raisin.

47 — Amazone captive.

Statuette. — Hauteur, 70 cent.

Reproduction de la statuette en marbre cataloguée sous le n° 3.

48 — **Angélique.**

Statuette. — Hauteur, 70 cent.

Assise, à demi renversée, sur les rochers au bord de de la mer; elle se livre toute à sa douleur; ses cheveux épars flottent autour d'elle.

49 — **Le Matin.**

Statuette. — Hauteur, 65 cent.

Reproduction de la statuette catalogué sous le n° 14.

50 — **La Nuit.**

Statuette. — Hauteur, 65 cent.

Reproduction de la statuette cataloguée sous les nes 2 et 13.

51 — **Nourrice italienne.**

Groupe. — Hauteur, 60 cent.

Elle est debout et tient dans ses bras un jeune enfant qu'elle allaite.

52 — Pasteur italien.

Groupe. — Hauteur, 60 cent.

Debout, le pied appuyé sur une gargoulette; il tient dans ses bras un jeune chevreau.

53 — Léda.

Groupe. — Hauteur, 40 cent.

Léda est couchée au bord de l'eau ; le cygne s'approche d'elle et l'enveloppe de ses ailes.

54 — Bacchanale.

Groupe. — Hauteur, 25 cent.

Une nymphe renversée dans les bras d'un satyre se défend de ses étreintes.

55 — Colombe.

Statuette. — Hauteur, 20 cent.

Une nymphe, à demi couchée dans les roseaux, reçoit les baisers d'une colombe qui vole derrière elle.

56 — Rossini.

Buste. — Hauteur, 65 cent

57 — Michel-Ange.

Buste. — Hauteur, 35 cent.

58 — Raphaël.

Buste. — Hauteur, 35 cent.

59 — Marie-Antoinette.

Buste. — Hauteur, 30 cent.

60 — Marquise de Lamballe.

Buste. — Hauteur, 30 cent.

61 — Rembrandt.

Buste. — Hauteur, 30 cent.

62 — Albert Durer.

Buste. — Hauteur, 30 cent.

63 — Mozart.

Buste. — Hauteur, 30 cent.

64 — Beethoven.

Buste. — Hauteur, 30 cent.

65 — Souvenir.

Buste. — Hauteur, 30 cent.

66 — Regrets.

Buste. — Hauteur, 30 cent.

67 — Rose.

Buste. — Hauteur, 30 cent.

68 — Marguerite.

Buste. — Hauteur, 30 cent.

69 — Innocence.

Buste. — Hauteur, 45 cent.

70 — L'Eau.

Buste. — Hauteur, 45 cent.

130 **71 — Modestie.**

Buste. — Hauteur, 45 cent.

13[illegible] **72 — Candeur.**

Buste. — Hauteur, 45 cent.

Le total s'élève à 49072 f.

Carrier a je crois peu retiré d'objets. Mais il a dû avoir des mécomptes. Je lui avais demandé combien il vendrait à un fabricant son Omphale. Il m'avait répondu 3000 francs. Elle n'a pas atteint 1200 fr.

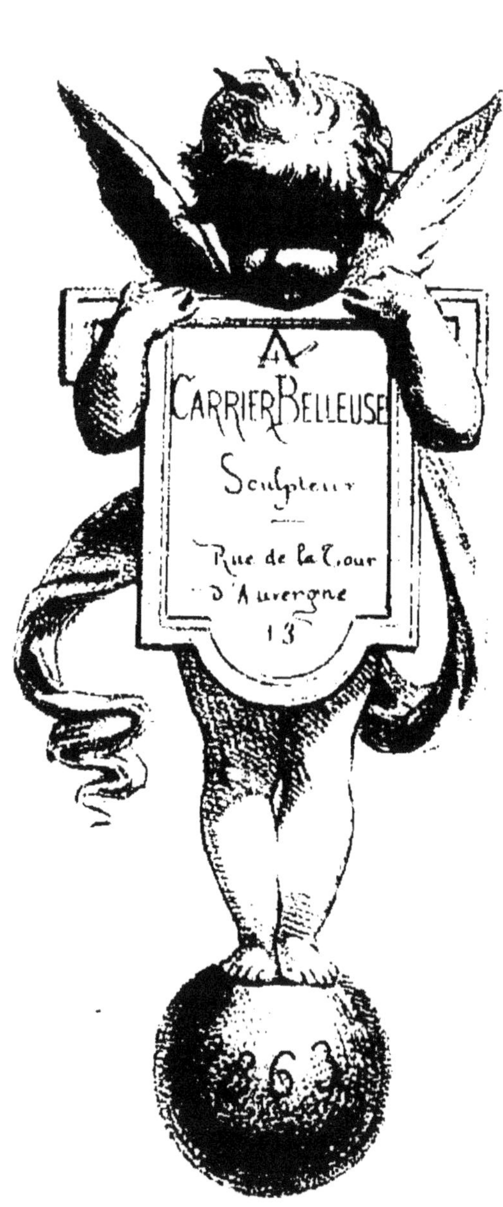
A
CARRIER BELLEUSE
Sculpteur
Rue de la Tour
d'Auvergne
13
1863

www.ingramcontent.com/pod-product-compliance
Ingram Content Group UK Ltd.
Pitfield, Milton Keynes, MK11 3LW, UK
UKHW020514180726
13839UKWH00005B/2074